PÉTALOS NEGROS

PÉTALOS NEGROS

MERCEDES SOLEDAD MORESCO

Valparaíso
EDICIONES

Número 457 de la Colección VALPARAÍSO DE POESÍA
dirigida por FEDERICO DÍAZ-GRANADOS

Diseño y maquetación: Chari Nogales
www.charinogales.com @chari_nogales
Imagen de portada: Leda Almar

Primera edición: diciembre de 2024

© De los poemas: Mercedes Soledad Moresco

© Valparaíso Ediciones
C/ Fray Leopoldo, 7 Bajo 18014 Granada
www.valparaisoediciones.es

ISBN: 979-13-87538-05-7
Depósito Legal: GR 1814-2024

Impreso en España - *Printed in Spain*
Gráficas Gami

A Mariano

With black petals
on my wounded hand
even today
I celebrate
life.

Con pétalos negros
en mi mano herida
celebro
aún hoy
la vida.

The beauty of the word
is not in the rose
but in the path
that uprose.

A la palabra se la encarna
o se la roza
y no hay rosas
que embellezcan el camino.

Redundant
are the tears
when the mirror bleeds.

Cuando el espejo sangra
las lágrimas
sobran.

In vain:

This morning is pure bread
and I am not hungry.

En vano:

La mañana es de pan
y yo no tengo hambre.

Sometimes you have to
die a little
to fly by yourself.

Hoy no hay demasiado
me falta muerte
me faltan vuelos
para ser el poema
hoy no nace el poema
hoy me nazco sola.

Let's silence the muddy footsteps
Let's silence the thirst and the cravings
There is no point in begging
When they are not giving.

Close lips to deaf eyes.

Callemos las pisadas del barro
callemos la sed y las ansias
de nada sirve pedir
cuando no van a darte.

A ojos sordos labios cerrados.

Little by little, I envelope myself
in a poem that doesn't exist
in the one I fear.

De a poco voy guareciéndome sola
en el poema que no existe
en el que me da miedo.

Your absence encloses me
like a blue ring
tightening my throat.

Tu ausencia me encierra
como un anillo azul
apretando mi garganta.

Gentle
like the logs
drifting on the sea
like your kisses
drawing loneliness
on my veins.

Suave
como los leños
que vagan en el mar
como tus besos
dibujando senderos
en mi soledad.

Your endless lips
of memories and kisses
your urgent body
of no pain caresses
your marine gaze
lover in love

and my
emptiness.

Tu boca infinita
de recuerdos y de besos
tu cuerpo urgente
de caricias sin dolor
tu mirada marina
amante en el amor

y yo,
vacía.

In your olive skin
I find the silent cry
his clear image.

En tu piel de aceituna
encuentro el llanto mudo
su imagen clara.

Your voice
precise guide
into the dark path
where my memory
is left behind.

Tu voz,
guía precisa
en la oscura senda
en que dejo a la memoria
olvidada en el umbral.

With wandering words
we've reach that shore
where the light
is a gloomy sailboat
that glimpses the horizon
but does not see it.

Hemos cruzado
con palabras errantes
a la orilla en que la luz
es un velero lóbrego
que atisba el horizonte
pero no lo ve.

So much of you and so
little of
me

Tú tanto y yo
tan
poco

Yearning glances
cravings for you
of your mute body
speaking for me.

Miradas en celo
ansias de ti
de tu cuerpo mudo
que hable por mí.

Yours
in the absence
we both mute

Tuya
en la ausencia
que los dos callamos

It's raining
and I solace in the distance
of your body
foreign and humid
like this rain
that I observe
and I dare not touch.

Llueve
y me consuelo en la distancia
de tu cuerpo
ajeno y húmedo
como esta lluvia
que observo
y no me atrevo a tocar.

Your body
moon mirrored
rises above mine
taciturn
and we are embracing walls in shade
ferocious and fecund.

Tu cuerpo
espejado por la luna
se yergue sobre el mío
taciturno
y somos muros en sombra
que se abrazan
feroces y fecundos.

Moonly shades
darken your pearl
body
and infuse mine with
the perpetual light of the night.

De luna las sombras
que oscurecen tu cuerpo
de nácar
y le infunden al mío
la perpetua luz de la noche.

Tender
you tender you lover
your you, mar, lover
in my fear silent mute death.

Tierno
tú tierno tú amante
el tuyo mar amante
en mi miedo muerte muda silenciosa.

The mirror reverts echoes
of a pregnant woman
tearing my image apart.

Ecos de mujer encinta
me devuelve el espejo
desgarrando mi imagen.

I fear the silence
of damp hands
the dawnless dew
the seed without fruit.

Tengo miedo al silencio
de las manos húmedas
al rocío sin alba
a la semilla sin fruto.

Sometimes you need
fear
in order to fly.

A veces hace falta tener
miedo
para poder volar.

The announcement of what is
coming
is an absurd unknown
embraced by his memory.

El anuncio de lo por
venir
es una incógnita absurda
abrazada a su recuerdo.

If you ask me I would say I am
whatever you want
because I don't give up
on this habit
of wishing me different
to find me identical
to that one that looks at me
and beats me.

Si me preguntas te diré que soy
lo que tú quieras
porque no renuncio
a esta manía
de desearme distinta
para encontrarme idéntica
a esa otra que me mira
y me doblega.

In the midst of silence
who speaks
who silents
who lives

in the midst of the strange faces
there is one
that names you.

En medio del silencio
quién habla
quién calla
quién vive

en medio de los rostros ajenos
hay uno
que te nombra.

There's no point in
forecasting the future
if what's coming
embraces your memory.

De nada vale conocer el futuro
si lo que viene
se abraza a tu recuerdo.

fear
fear
gentle fear
death within me
dead
mine and dead

miedo
miedo manso miedo muerte
miedo metido dentro
muerto
mío y muerto

From the bottom of my self
burnt
I come out once again
to see the world without
you.

Desde el fondo de mí
abrasada
me asomo de nuevo
a ver el mundo sin ti.

Prisoner of myself
absurd idea in which I am
my own judge and my sentence.

Prisionera de mí misma
absurda idea en la que soy
mi propio juez y mi condena.

Today is a full moon
and I am don't know how
waiting
that the moon won't be in the sky
that the sky won't be in the moon
that my name won't be Soledad
that solitude won't be in my name.

Hoy hay luna llena
y yo estoy sin saber cómo
esperando
que la luna no esté en el cielo
que el cielo no esté en la luna
que mi nombre no sea Soledad
que la soledad no esté en mi nombre.

HAIKUS

those black petals
still burning my hand
are your memory

pétalos negros
incendiando mi mano
son tu recuerdo

these red petals
dye my hand of blue
like mute tears

pétalos rojos
tiñen mi mano de azul
como lágrimas

that rose petals
go back to earth
with dead caresses

pétalos rosas
regresan a la tierra
caricias muertas

I am on this side
celebrating from within
the flowery spring

yo de este lado
celebrando desde aquí
la primavera

ÍNDICE